玩出听话乖宝宝

WAN CHU TINGHUA GUAI BAOBAO

摩天文传 著

广西人民出版社

图书在版编目（CIP）数据

玩出听话乖宝宝 / 摩天文传著. —南宁：广西人民出版社，2013.7

（玩出好宝宝）

ISBN 978-7-219-08364-2

Ⅰ.①玩… Ⅱ.①摩… Ⅲ.①儿童教育－家庭教育 Ⅳ.①G78

中国版本图书馆CIP数据核字（2013）第084391号

监　　制　白竹林
策划编辑　郑　洁
责任编辑　周月华　郑　洁　张　凡

出版发行　广西人民出版社
社　　址　广西南宁市桂春路6号
邮　　编　530028
网　　址　http://www.gxpph.cn
印　　刷　广西大一迪美印刷有限公司
开　　本　787mm×1092mm　1/16
印　　张　8
字　　数　10千字
版　　次　2013年7月　第1版
印　　次　2013年7月　第1次印刷
书　　号　ISBN 978-7-219-08364-2/G·1742
定　　价　28.00元

前言

每一个宝宝都是一张白纸，不管他们是调皮还是斯文的，在生活中多多少少不能让父母完全省心。理由很简单，这个世界对于他们来说是新鲜的，在他们还不懂得这个世界的条条框框的时候，只会凭着天性去理解和生活。他们的行为举止经常会让父母和大人们哭笑不得，甚至会给父母制造无数的麻烦。

父母们面对宝宝不停地纠缠提问，面对他们使小性子和搞破坏，不能只顾一味地责骂，这不仅会将大人不良的情绪传染给宝宝，还会使得他们对父母的爱产生怀疑，对他们青春期的叛逆心理造成不良的影响。

家长都希望自己家的孩子能听话，能体会父母的良苦用心，这就需要家长学会科学地引导宝宝读懂父母的意思。家长一方面得严格遵守自己给孩子立下的行为规矩，让宝宝养成严格自律服从的习惯，一方面也要时刻关心孩子的心理活动，时刻保持着与孩子的沟通互动。

我们深知爱玩是宝宝的天性，《玩出听话乖宝宝》一书便以好玩、有趣、实用、科学的游戏为主体，图文并茂，力求为家长在培养孩子听话乖巧的过程中提供最实用的指导。

无论您是有过经验还是第一次为人父母，我们相信这本书都可以为您和您的宝宝带来帮助。

最后，由衷感谢皮皮熊儿童摄影团队为本书拍摄精美图片。

CONTENTS 目录

Chapter 1　0~6个月

Chapter 2　6个月~1岁

Chapter 3　1～2岁

Chapter 4 2~3岁

Chapter 5　3岁以上

0-6个月

　　宝宝出生3周后，宝宝的睡眠和觉醒就有了一定的规律。这个时候家长可以安排比较固定的时间让宝宝做游戏，比如让宝宝吃饭，让宝宝动动头，使得宝宝接受到良好的外界刺激，养成良好的生活习惯。需要注意的是，3个月大的宝宝不宜长时间抬头，6个月大的宝宝不宜久坐，以免对宝宝的发育造成不良影响，家长们要注意把握游戏时间。在游戏中，家长和宝宝说话时一定要温柔，使宝宝感受到父母的爱，这对日后宝宝懂事很有帮助。

1 肚皮咯吱咯吱

适宜年龄：0~3 个月。
游戏目的：让宝宝感觉愉快，锻炼宝宝的身体触觉，让宝宝养成爱笑的习惯。
游戏场所：光线充足、柔和的安静室内，柔软的床或垫子上。
游戏时间：每次 3 分钟。

温馨提示：

家长不要用长指甲挠宝宝，以防刮伤宝宝的皮肤，如果手凉，也不要直接接触宝宝的肚皮。挠痒要尽量轻柔，不要太用力。

还可以这样玩：

妈妈可以手里拿着些东西，用这些东西突然碰一下宝宝的身体。

家长笔记

让宝宝仰卧在床或垫子上，妈妈在床边呼唤宝宝的名字。

妈妈伸出手指，轻轻地挠宝宝的肚皮，逗宝宝笑，并说："咯吱咯吱咯吱……"

003

游戏完成度

宝宝活跃度

家长满意度

妈妈接着挠宝宝肚皮的两侧，让宝宝感觉更愉快。

2 宝宝抬头看看

适宜年龄：0~3 个月。
游戏目的：让宝宝学会抬头，扩大视野，养成善于观察
　　　　　的习惯。
游戏场所：光线充足、柔和的宝宝房间。
游戏道具：一个小鸭玩具。
游戏时间：每次 2 分钟。

温馨提示：

这套游戏最好选择在宝宝吃完奶稍作休息后进行。3 个月大的宝宝已经可以抬头了，但不宜让宝宝长时间抬头，所以妈妈要注意把握游戏时间，多让宝宝仰卧休息。

还可以这样玩：

爸爸可以参与游戏，可以手持摇铃等发声物体，在宝宝耳边摇动，吸引宝宝的注意力，让宝宝自觉抬头。

家长笔记

游戏步骤

STEP 1

妈妈把宝宝竖直抱起来，当宝宝的头自然地靠在妈妈的肩头时，妈妈轻轻动动肩头，让宝宝自然地把头抬起。

STEP 2

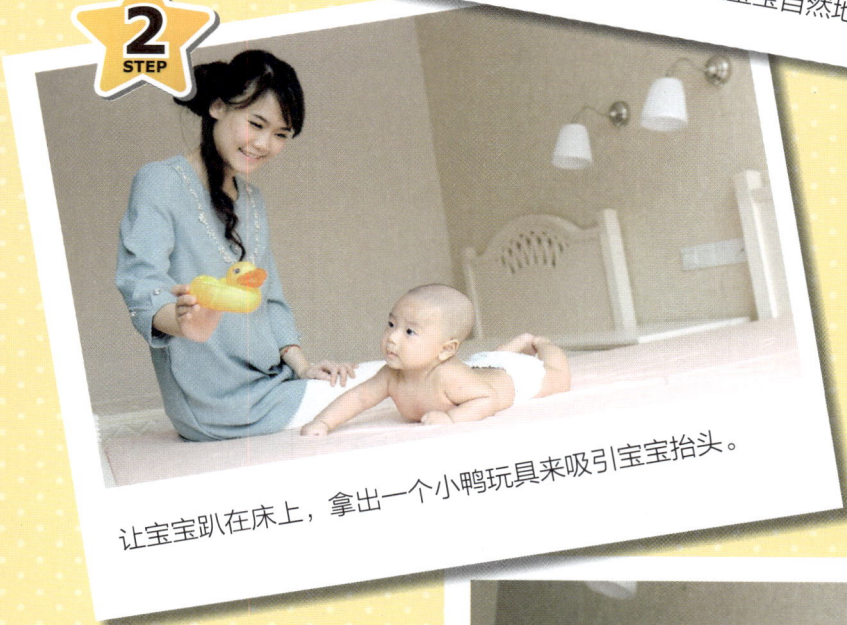

让宝宝趴在床上，拿出一个小鸭玩具来吸引宝宝抬头。

STEP 3

游戏完成度
☆☆☆★☆

宝宝活跃度
☆☆☆☆☆

家长满意度
☆☆☆☆☆

让宝宝趴在妈妈身上，妈妈小心地扶住宝宝的头，然后妈妈慢慢平躺在床上，让宝宝的头自然地抬起。

3 妈妈的爱

适宜年龄：0~3 个月。
游戏目的：让宝宝感受到爱，从小养成信任别人的习惯。
游戏场所：光线充足的安静室内。
游戏时间：每次 5 分钟，可重复 2~3 次。

温馨提示：

最好选择在宝宝换尿布、吃奶或洗澡后进行。

还可以这样玩：

在抱宝宝的过程中，家长可以增加抚摸宝宝身体的动作，这样能使宝宝感受到亲人的关怀。

家长笔记

游戏步骤

STEP 1

让宝宝平躺着，妈妈面对着宝宝微笑，跟宝宝轻轻说话。

STEP 2

妈妈用双手慢慢抱起宝宝，并发出笑声，逗宝宝开心。

游戏完成度

宝宝活跃度

家长满意度

STEP 3

妈妈把宝宝抱在怀里，轻轻摇一摇，给宝宝唱儿歌。

4 宝宝敲鼓咚咚咚

适宜年龄：0~3 个月。
游戏目的：培养宝宝的节奏感，让宝宝逐渐认识自己和环境之间的关系。
游戏场所：光线充足、柔和的安静室内，柔软的床上。
游戏道具：一个木筒，一根小木棍。
游戏时间：每次 4 分钟。

温馨提示：

敲击木筒的频率不要太高，时间也不宜过长，一般连续四五下就可以了。

还可以这样玩：

当宝宝敲击木筒一段时间后，妈妈可以换一个玻璃杯，宝宝会感到敲击不同的物体发出的声音是不一样的。

家长笔记

游戏步骤

当宝宝醒来时，妈妈拿出木筒和小木棍给宝宝看，让宝宝注意发声的物体。

妈妈当着宝宝的面，敲一下木筒，让宝宝注意到声音。停顿一下后，妈妈再连续敲几下木筒，让宝宝确信声音是由木筒发出的。

009

游戏完成度

宝宝活跃度

家长满意度

妈妈让宝宝握住木棍，引导宝宝敲击木筒发出咚咚的声音。

5 宝宝看这里

适宜年龄：0~3 个月。
游戏目的：培养宝宝的语感，加深亲子感情。
游戏场所：宝宝房间里柔软的床上。
游戏时间：每次 4 分钟。

温馨提示：

妈妈在和宝宝玩游戏的时候，注意要语调轻柔，不要惊吓到宝宝。

还可以这样玩：

爸爸妈妈可以分别待在宝宝的两边，轮流喊宝宝的名字。

家长笔记

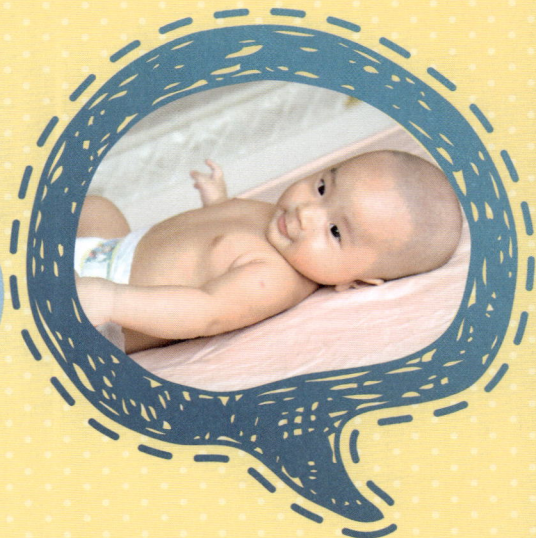

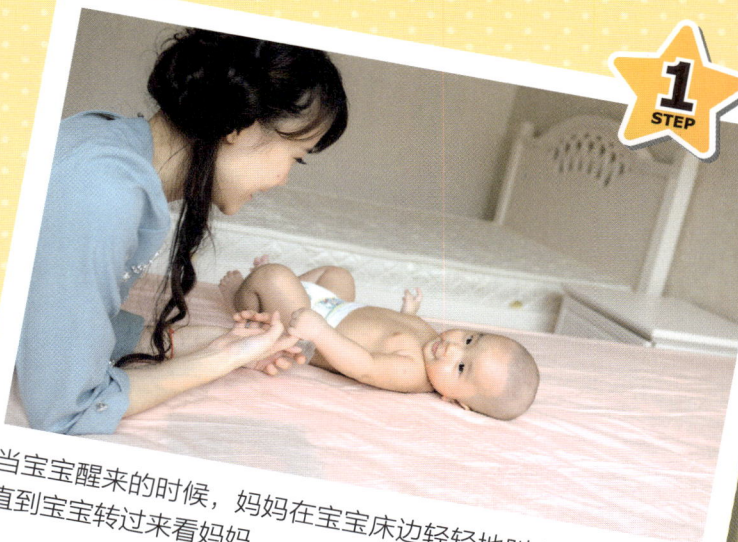

游戏步骤

当宝宝醒来的时候，妈妈在宝宝床边轻轻地叫宝宝的名字，直到宝宝转过来看妈妈。

妈妈走到床的另一边，再轻轻地叫宝宝的名字，直到宝宝转过来看妈妈。

妈妈微笑地看着宝宝，抚摸宝宝的身体，夸赞宝宝说："宝宝真乖！"

游戏完成度

宝宝活跃度

家长满意度

摇铃叮当响

适宜年龄：3~6 个月。
游戏目的：让宝宝认识到自己对外界事物产生的影响。
游戏场所：光线充足，让宝宝感到舒服的客厅里。
游戏道具：一个摇铃玩具。
游戏时间：每次 4 分钟。

温馨提示：

摇动摇铃的幅度不要太大，因为宝宝的耳鼓膜还是非常脆弱的。另外，摇铃要放在宝宝视线的前方摇晃。这个年龄段的宝宝还不宜久坐，妈妈要适当地让宝宝躺下来休息。

还可以这样玩：

妈妈自己也可以拿着摇铃对着宝宝摇，这样可以让宝宝有个模仿的对象。

家长笔记

STEP 1

妈妈在宝宝眼前拿出摇铃，轻轻摇动一下摇铃，让宝宝注意到发声体。

STEP 2

妈妈拿起宝宝的小手，帮助他握住摇铃，一边引导宝宝摇晃摇铃一边唱儿歌："小摇铃，叮当响。"

STEP 3

停顿一下，让宝宝拿着摇铃，自己摇动摇铃，妈妈在旁边说："宝宝自己会摇铃哦。"

游戏完成度

宝宝活跃度

家长满意度

 **宝宝和妈妈跳支舞**

适宜年龄：3~6 个月。
游戏目的：刺激宝宝的听觉，开发宝宝的右脑。
游戏场所：宽敞、明亮、整洁的室内。
游戏道具：一套音响设备。
游戏时间：每次 4 分钟。

温馨提示：
家长摇晃宝宝身体时的动作不要太大，动作太大会让宝宝感到不适，甚至会有损宝宝的身体发育。

还可以这样玩：
妈妈也可以将宝宝放在摇篮里做这个游戏。

家长笔记

妈妈在室内播放一段简单、轻松的音乐。妈妈抱着宝宝，看着宝宝的眼睛说："我可以跟你跳个舞吗？"

妈妈一只手托着宝宝的头部，一只手抱着宝宝的臀部，在宝宝耳边哼着歌，然后随着音乐向前、向后轻轻舞动。

音乐结束后，妈妈亲亲宝宝的小手，向宝宝表示感谢。

游戏完成度

宝宝活跃度

家长满意度

翻身乖宝宝

适宜年龄：3~6 个月。
游戏目的：让宝宝学会翻身。
游戏场所：柔软的床或沙发上。
游戏道具：一个小熊玩具。
游戏时间：每次 4 分钟。

温馨提示：

一般 4 个月大的宝宝经过训练，能做到由仰卧到侧卧。做这个游戏时宝宝的衣服不要穿得太多，室内温度要适宜。

还可以这样玩：

可以选择会发声的玩具，宝宝会更感兴趣。

家长笔记

让宝宝仰卧在床上，妈妈拿出一个小熊玩具放在宝宝眼前，吸引宝宝的目光。

妈妈把玩具放到宝宝的旁边，然后妈妈用手轻轻推一下宝宝的后背，使得宝宝感觉到翻身的动作。

让宝宝自己翻身拿到玩具。宝宝愉快时，尽量让宝宝随意翻身。

游戏完成度

宝宝活跃度

家长满意度

宝宝乖乖吃东西

适宜年龄：3~6 个月。
游戏目的：让宝宝改变进食的方法，学会见勺子就张口，
　　　　　为日后宝宝吃饭打下基础。
游戏场所：光线充足的室内。
游戏道具：一个小勺子，一个碗，一个奶瓶。
游戏时间：每次 3 分钟，可重复 2~3 次。

温馨提示：
选择儿童用的小勺子，一次舀的
水不宜过多，喂水时要慢慢来。

还可以这样玩：
妈妈可以用牛奶代替水。把
牛奶和勺子放在宝宝身边，
如果宝宝要喝，就会拿起旁
边的勺子。

家长笔记

妈妈和宝宝坐在一起，妈妈将一瓶水缓缓地倒入碗中，并对宝宝说："水是好东西，宝宝要常喝。"

妈妈用小勺子舀出一勺水，递到宝宝面前，对宝宝说："乖宝宝张张嘴，很好吃的。"

019

游戏完成度

宝宝活跃度

家长满意度

妈妈把小勺子伸进宝宝的嘴里，把小勺子略作倾斜，将水慢慢喂入宝宝口腔，注意不要让宝宝呛着。

10 可爱的小兔子

适宜年龄：3~6 个月。
游戏目的：培养宝宝的想象力，增进亲子感情。
游戏场所：柔和、温暖、安静的房间里。
游戏道具：一个小兔毛绒玩具。
游戏时间：每次 5 分钟，可重复 3~5 次。

温馨提示：
如果宝宝不喜欢小兔毛绒玩具，
可以换成宝宝喜欢的动物玩具。

还可以这样玩：
可以拿出两个小兔毛绒玩具，
让宝宝将它们的手放在一起，
脚放在一起。

家长笔记

妈妈在宝宝背后抱着宝宝，举起宝宝的手，对宝宝说："这是宝宝胖嘟嘟的手。"

妈妈拿出小兔毛绒玩具，在宝宝眼前晃动，对宝宝说："宝宝，小兔真可爱，宝宝快来摸摸可爱的小白兔。"

021

游戏完成度

宝宝活跃度

家长满意度

让宝宝伸出双手，抱住小兔毛绒玩具。

成长记录

宝宝好习惯养成时间表

	好习惯
0~2 个月	睡眠时间比较长，并且逐渐形成习惯。
3~5 个月	1. 开始对辅助食物感兴趣，形成规律的睡眠时间。 2. 情绪较为稳定。
6~8 个月	1. 开始学习咀嚼和吞咽，进食规律。 2. 开始接受不同口味的食物。
9~12 个月	1. 开始断奶，喜欢光着脚。 2. 开始喜欢和家人靠近餐桌吃饭。 3. 睡眠、饮食都形成了稳定的规律。
1~2 岁	1. 独立吃饭、上厕所、穿衣服。 2. 开始懂得把垃圾放进垃圾桶，不随意乱扔。 3. 懂得和小伙伴配合游戏，良好地相处。 4. 懂得运用简单的文明礼貌用语。
2~3 岁	1. 自己洗手、刷牙、洗脸。 2. 学会自己穿衣服、鞋子。 3. 能够处理生活中的一些小事情而不完全依赖家人。 4. 乐于帮助别的小朋友或家人做事情。 5. 开始收拾自己的玩具物品，将物品放置在较为固定的地方。 6. 开始懂得主动致谢或是道歉。

1. 培养宝宝的良好习惯，不能急于求成，要持久训练。

要一步步地帮助宝宝养成良好的行为习惯。比如让宝宝按时睡觉，不可能一开始就能达到目的，而是经过一天天的训练达成的。家人需要有良好的耐心对宝宝进行持久的训练。

2. 家人应该树立良好的行为模范。

家人应该也要有自己的行为习惯和规范，这能够对宝宝起到很好的模范作用，会潜移默化地影响着宝宝，也能营造出良好的家庭氛围。

3. 对宝宝要做到的行为习惯进行明确规范。

对宝宝的行为规范要明确指出，"早一点睡觉"可以改为"九点钟要睡觉"，"吃饭不能拖拉"改为"30分钟内吃完饭"。有明确的规定才能给宝宝清晰的意识。

4. 对宝宝的行为习惯进行及时评价。

在宝宝培养良好习惯和改正不良习惯的过程中，家人要及时地不断地给以评价，例如"你现在做得不是很好，要继续加油"、"现在已经做得很好了，你还可以做得更好"等等，也可以根据宝宝的表现给以相应的惩罚或奖励。

5. 让宝宝从小事做起，不迁就宝宝。

根据宝宝年龄段，从小事情开始让宝宝学习和训练，可从吃饭、睡觉、上厕所开始起步，并且开始实施计划以后不能迁就宝宝，否则，把训练的时间一再延拖，这样只会让宝宝不重视良好的习惯。

6个月~1岁

宝宝出生的第一年被称为"口腔期"，宝宝主要通过吸、吮、咬等方式来认知事物。如果此时对宝宝的这些行为强制阻止，会让宝宝缺乏安全感。这个时候，家长要尽可能地多抚摸宝宝，让他把注意力转移到其他东西上，比如让宝宝增加自我与外界事物的感知和接触。

同时，在宝宝还没能开口说话和行走的时候，家长就要注意让宝宝养成懂礼貌、会分享等美好品格，让宝宝在和爸爸妈妈的游戏中建立深厚的亲子关系，使得宝宝以后愿意听爸爸妈妈的话。

1 妈妈出门了

适宜年龄：6~8 个月。
游戏目的：帮助宝宝减少依赖的习惯。
游戏场所：光线充足的安静室内。
游戏时间：每次 2 分钟。

温馨提示：

宝宝对妈妈的依赖感有时候过强，见到妈妈离开就会哭闹，所以应该适时让宝宝养成与妈妈等家人道别的习惯。

还可以这样玩：

妈妈可以让别的家庭成员陪宝宝玩，当妈妈告别离开后，宝宝的注意力会分散。

家长笔记

游戏步骤

妈妈在出门前微笑地对宝宝说："宝宝再见，妈妈现在要上班去了。"

妈妈用力地亲吻宝宝的额头，让宝宝知道妈妈舍不得离开宝宝。

027

妈妈出门时，对宝宝挥挥手。如果这个时候宝宝哭闹，妈妈一定要表现出很生气的样子，让宝宝知道这样做是不好的。

游戏完成度

宝宝活跃度

家长满意度

2 冷热很有趣

适宜年龄：6~8 个月。

游戏目的：刺激宝宝的触觉，让宝宝在生活中养成知冷知热的习惯。

游戏场所：光线充足、氛围欢快的室外或室内。

游戏道具：两个透明的瓶子，两条干毛巾。

游戏时间：每次 3 分钟。

温馨提示：

热水不要过烫，冷水不要太冷，毕竟宝宝的皮肤还是比较娇嫩的。游戏一定要家长在场，以免宝宝误伤自己。

还可以这样玩：

还可以用小勺子喂宝宝分别喝一点冷水和温水，让宝宝有更直观的感受。

家长笔记

妈妈拿出两个瓶子，分别往两个瓶子倒入热水和冷水。

妈妈拿出两条干毛巾，分别浸入热水和冷水中。拧干毛巾之后，妈妈让宝宝伸出双手，分别触摸两条温度不一样的毛巾。

029

游戏完成度

宝宝活跃度

家长满意度

妈妈再用毛巾轻轻擦拭宝宝的脸，让宝宝更进一步地感受冷和热。

3 节约食物从我开始

适宜年龄：6~8 个月。

游戏目的：锻炼宝宝手的抓握能力，以及让宝宝学会分享。

游戏场所：光线充足、柔和的安静室内。

游戏道具：椅子，托盘，糖果，水果。

游戏时间：每次 3 分钟，可重复 2~3 次。

温馨提示：

如果东西太大，小心不要让宝宝吃下去。妈妈的态度要明确，使得宝宝明白自己怎么做才会使妈妈高兴。

还可以这样玩：

妈妈先将一些小豆或小米放在宝宝身边，鼓励宝宝将它们收集到碗里。

家长笔记

1 STEP

让宝宝坐在高椅子上，妈妈拿出一块糖果放在手掌上，让宝宝自己伸手拿起来。宝宝拿起来后，妈妈对宝宝报以微笑。

2 STEP

妈妈再拿出一个小托盘，里面放着一些小水果，让宝宝伸手拿起小水果。

031

3 STEP

当宝宝拿起水果后，妈妈张开一只手，引导宝宝将水果放到妈妈的掌心上。

游戏完成度

宝宝活跃度

家长满意度

4 捡花生

适宜年龄：9 个月 ~1 岁。

游戏目的：锻炼宝宝的手指活动能力，以及让宝宝养成整理
和收纳的好习惯。

游戏场所：光线充足，让宝宝感到舒服的客厅里。

游戏道具：一个空盒子，一些花生。

游戏时间：每次 5 分钟。

温馨提示：

一定不能让宝宝把花生连着壳放
进嘴里吞食下去，家长要看护好
宝宝。

还可以这样玩：

妈妈可以在盒子里放入花生和红
枣，让宝宝把红枣选出来放到盒
子外面去。

家长笔记

妈妈把一些花生放到地上，然后用拇指和食指捏起一粒花生。

让宝宝学着妈妈的动作，用拇指和食指拿起花生，如果宝宝用上了中指，妈妈也不要去纠正。

让宝宝把地上的花生捡起来，全部放到旁边的空盒子里。

游戏完成度
☆☆☆★☆

宝宝活跃度
☆☆☆☆☆

家长满意度
☆☆☆☆☆

033

5 呼啦圈会走路

适宜年龄：9 个月 ~1 岁。

游戏目的：培养宝宝对物体的操控能力，培养宝宝对工作的兴趣。

游戏场所：阳光柔和、安静的宽敞客厅或室外。

游戏道具：一个呼啦圈。

游戏时间：每次 5 分钟，可重复 2~3 次。

温馨提示：

最好选择在宝宝洗澡后或换完尿布后进行游戏，因为这个时候宝宝的心情很好，模仿兴趣更浓。

还可以这样玩：

也可以用绳子绑住宝宝喜欢的玩具，让宝宝学会拉动绳子牵引玩具。

家长笔记

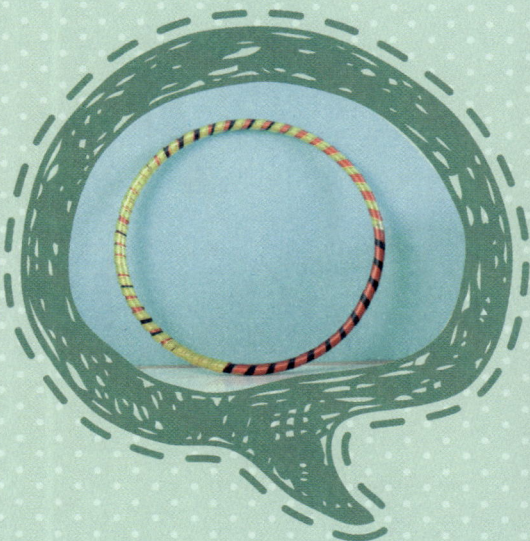

1 STEP

宝宝坐在妈妈的怀里，妈妈拿出一个呼啦圈，告诉宝宝这是什么。

2 STEP

妈妈双手护住呼啦圈，让宝宝伸出双手慢慢滚动呼啦圈，直到宝宝学会怎么滚动呼啦圈。

035

3 STEP

妈妈扶着宝宝，让宝宝自己一人滚动呼啦圈。当呼啦圈在滚动时，妈妈表示出很惊喜的样子，并说："呼啦圈会自己走路了。"

游戏完成度

宝宝活跃度

家长满意度

6 分享大苹果

适宜年龄：9 个月 ~1 岁。
游戏目的：让宝宝练习递东西给别人，学会与人分享，养成不自私和善于与人合作的习惯。
游戏场所：光线充足、柔和的安静室内。
游戏道具：一个果盘，一个苹果，一把刀。
游戏时间：每次 5 分钟。

温馨提示：

如果宝宝并不喜欢吃苹果，可以换成宝宝喜欢的水果。引导宝宝学会分苹果的时候，家长一定要耐心，宝宝刚开始可能会不明白。

还可以这样玩：

可以用梨子或桃子代替苹果，玩游戏前可以给宝宝讲孔融让梨的故事。

家长笔记

游戏步骤

妈妈事先将苹果分成大小不一的两半。妈妈将水果放到果盘里。

妈妈和宝宝坐在一起,让宝宝把盘子里的苹果分给妈妈和宝宝。当宝宝拿起大的那块苹果时,妈妈问:"大苹果应该给谁?"

游戏完成度

宝宝活跃度

家长满意度

让宝宝思考一下,然后妈妈说:"大苹果给长辈,妈妈是宝宝的长辈。"引导宝宝把大苹果给妈妈,宝宝这样做后,妈妈伸出大拇指夸奖宝宝真乖。

7 山的那边有什么

适宜年龄：9 个月 ~1 岁。
游戏目的：开发宝宝的智力，增进亲子感情。
游戏场所：光线充足、氛围欢快的室外或室内。
游戏道具：一个小熊玩具。
游戏时间：每次 5 分钟，可重复 2~3 次。

温馨提示：
一定要选择宝宝非常感兴趣的玩具，这样游戏才有效果。

还可以这样玩：
可以用一个会发声的玩具玩这个游戏，妈妈一只手放在背后捏玩具，使玩具发出声音。

家长笔记

妈妈背对着宝宝，将小熊玩具放在身前，像一座大山挡住了玩具，对宝宝说："宝宝，妈妈这边有个宝藏，快来找哦。"

让宝宝绕过妈妈来到妈妈身前。

游戏完成度

宝宝活跃度

家长满意度

宝宝拿到玩具后，妈妈称赞宝宝，和宝宝一起玩小熊玩具。

8 竹蜻蜓的小天地

适宜年龄：9个月~1岁。
游戏目的：丰富宝宝的想象力，加深亲子感情。
游戏场所：阳光柔和的安静阳台或户外。
游戏道具：一个竹蜻蜓。
游戏时间：每次5分钟，可重复2~3次。

温馨提示：

妈妈可以给宝宝讲一个关于蜻蜓的小故事，让宝宝对蜻蜓产生兴趣。

还可以这样玩：

可以给竹蜻蜓涂上色彩，让竹蜻蜓飞翔时有更显眼的效果。

家长笔记

妈妈和宝宝坐在一起，妈妈拿出一个制作好的竹蜻蜓给宝宝看，并告诉宝宝哪部分是竹蜻蜓的翅膀。

041

妈妈示范给宝宝看如何放飞竹蜻蜓，当竹蜻蜓飞起来时，妈妈对宝宝说："看，竹蜻蜓在空中飞起来了。"

游戏完成度

☆☆☆☆☆

宝宝活跃度

☆☆☆☆☆

家长满意度

☆☆☆☆☆

宝宝坐在妈妈的怀里，妈妈把竹蜻蜓给宝宝，带领宝宝放飞竹蜻蜓。

9 枕头游戏

适宜年龄：9个月~1岁。
游戏目的：激发宝宝欢快的情绪，加深亲子感情。
游戏场所：光线充足、柔和的安静室内。
游戏道具：一个枕头。
游戏时间：每次4分钟，可重复2~3次。

温馨提示：

妈妈事先要把枕头放在后背，当问宝宝小手在哪里时，可以引导宝宝注意枕头。

还可以这样玩：

妈妈可以拿出一个玩偶，用一条毛巾盖住玩偶的某个肢体部位，然后问宝宝："小玩偶哪里被盖住了？"

家长笔记

STEP 1

妈妈抱着宝宝坐在地上，妈妈用双手拉宝宝的手玩游戏。

STEP 2

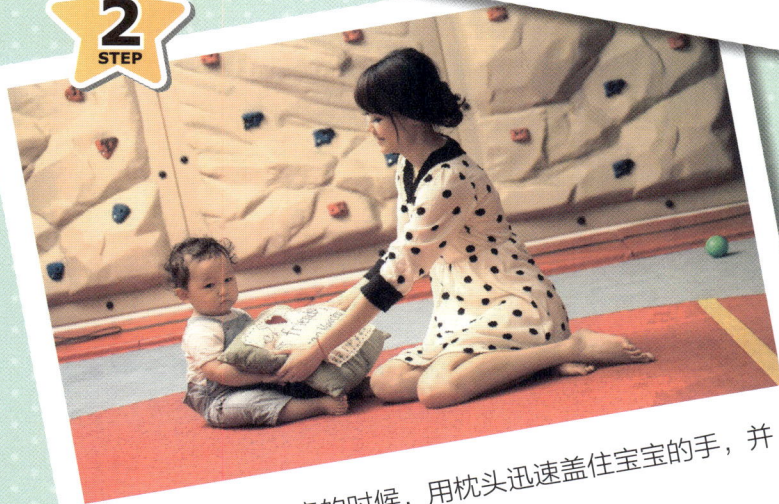

妈妈趁宝宝不注意的时候，用枕头迅速盖住宝宝的手，并问宝宝："宝宝的手在哪里？"

游戏完成度

宝宝活跃度

家长满意度

STEP 3

等宝宝思考一下，然后妈妈抽出宝宝的小手并高高举起来，对宝宝说："原来宝宝的小手在这里。"

10 小狗快快追

适宜年龄：9 个月 ~1 岁。
游戏目的：训练宝宝的爬行能力和听口令的能力。
游戏场所：室内干净的地板上或户外整洁的草坪上。
游戏道具：两个小狗头饰。
游戏时间：每次 5 分钟，可重复 3~5 次。

温馨提示：

这个游戏应该在宝宝吃饱后精神状态良好的情况下进行。爬行的场地应该足够宽敞。

还可以这样玩：

妈妈可以在地上画出追逐的路线，让妈妈和宝宝追逐的时候沿着路线前进。

家长笔记

宝宝和妈妈坐在一起，两人戴上小狗头饰，妈妈对宝宝说："现在我们来玩小狗快快追，妈妈要来追宝宝咯。"

妈妈和宝宝四肢趴在地上，妈妈在后面追着宝宝爬。

045

当妈妈追到宝宝后，妈妈抱住宝宝，对宝宝说："现在妈妈追上宝宝了，接下来由宝宝来追妈妈。"妈妈和宝宝互换角色继续玩。

游戏完成度

宝宝活跃度

家长满意度

成长记录

读懂宝宝的表情

随着宝宝一天天长大，宝宝开始对你笑、对你哭、对你发脾气……宝宝的这些情绪化表现就是爸爸妈妈生活里的一味调剂品。这些表情也是在表现着他的情绪，你能读懂他的表情吗？我们从一些表情细节来进行分析。

6 个月内的宝宝	
表情	**读取信息**
咧嘴而笑	快乐高兴，笑容持续并双手摇摆，表示想得到亲吻和拥抱。
瘪嘴	提出要求或是受到了委屈，同样也是啼哭的预兆。也可能是因为饥饿、没有人陪伴。
红脸皱眉	大部分是大便的信号，也可能是衣物不舒适或者气味难闻。
眼神黯淡	这是宝宝身体发病的征兆。
玩弄舌头和手指	独自玩耍不想受到打扰和影响，也可能是想要睡觉的前奏。

小贴士

6 个月大的宝宝还不是很会表达自己的情绪，需要爸爸妈妈多用心观察。

6 个月至 1 岁的宝宝

表情	读取信息
微笑，嘴里发出细小的嚷嚷声，并伸出双手	心情愉悦想要得到亲吻和拥抱，或是想要和你分享快乐的心情。
转头避开别人的视线，表情淡漠	不想接受或是讨厌眼前的东西，想要离开所处的地方。
嘴里一直发出声音，表情专注认真	想告诉你某件事情或是一个吸引他的物品，并且希望引起你的注意。

小贴士

快要 1 岁的宝宝开始会运用一些简单的词汇来表达自己的情绪，但是仍然以动作表达为主。

1 岁以上的宝宝

1. 1 岁以上的宝宝已经开始有自己较为清晰的性格特征和情绪特点，家人要注意观察和总结他的特点。

2. 宝宝开始会运用语言来表达自己的情绪时，家人要耐心地对待，仔细分析他的表情和表现。例如，他突然扔东西是因为生气或者因为你没有完成答应他的事情，他在强烈地表现自己的不满情绪。这些都需要家人耐心对待。

3. 在宝宝不愿意和父母交流而且表情上表现出非常不悦的情况下，可以先转移他的注意力然后再逐渐了解，不可急切暴躁地对待，这会对宝宝造成伤害并且使他更加自闭。

4. 引导宝宝用正确的语言和行为来表达自己的情绪，而不只用表情显现，这样可以帮助宝宝缓解面部表情，舒缓情绪，有益于宝宝身心健康发展。

1~2岁

　　父母作为宝宝的启蒙老师，应积极地为宝宝创造丰富的游戏环境，培养宝宝乐观向上的精神，养成宝宝听话、懂事、有礼貌等良好的生活习惯。父母可以让宝宝在游戏中扮演一些大人的角色，让宝宝通过照顾动物玩具的体验学会体恤父母。通过辨别不同的声音，促进宝宝听觉的发育。让宝宝学会辨别食物。同时，父母要对宝宝在游戏中表现出来的能力和积极性进行肯定和鼓励。

1 乖小兔睡觉

适宜年龄：1~2 岁。
游戏目的：培养宝宝关心他人的习惯，让宝宝知道睡觉
要安静、要盖好被子。
游戏场所：光线充足，让宝宝感到舒服的客厅里。
游戏道具：一个小兔玩具，一条小毛巾。
游戏时间：每次 5 分钟。

温馨提示：
游戏可以为宝宝今后单独睡觉做铺垫。

还可以这样玩：
可以让宝宝给小兔玩具唱儿歌，或者讲个小故事哄小兔入睡。

家长笔记

1 STEP

让宝宝抱着小兔玩具，一边摇小兔玩具一边唱："小兔兔乖乖，小兔兔要睡觉；小兔兔不要叫，小兔兔要睡觉，不要妈妈陪，不要爸爸陪，不要奶奶陪，小兔兔自己睡。"

2 STEP

让宝宝把小兔玩具放在婴儿车上，然后给它盖上一块小毛巾。

051

3 STEP

游戏完成度

宝宝活跃度

家长满意度

妈妈把手指放在嘴上，示意宝宝要安静，带着宝宝一起离开，让小兔玩具安静睡觉。

2 宝宝当起化妆师

适宜年龄：1~2 岁。
游戏目的：培养宝宝的美感和动手能力，培养宝宝对工作的兴趣。
游戏场所：光线充足、柔和的安静室内。
游戏道具：一条纱巾，一根手链，一顶帽子。
游戏时间：每次 5 分钟。

温馨提示：

家长选择的饰品不用太贵，最好颜色鲜艳并且有所区别，这样更容易让宝宝记住。

还可以这样玩：

当家长没空时，可以让宝宝给玩具娃娃打扮。宝宝打扮完后，家长可以给宝宝和打扮好的玩具拍照留念。

家长笔记

1 STEP

妈妈将纱巾、手链、帽子一一拿给宝宝看。

2 STEP

妈妈将纱巾围在脖子上，手链戴在手腕上，帽子戴在头上，然后告诉宝宝："看，妈妈多漂亮。"

3 STEP

游戏完成度
☆☆☆★☆

宝宝活跃度
☆☆☆☆☆

家长满意度
☆☆☆☆☆

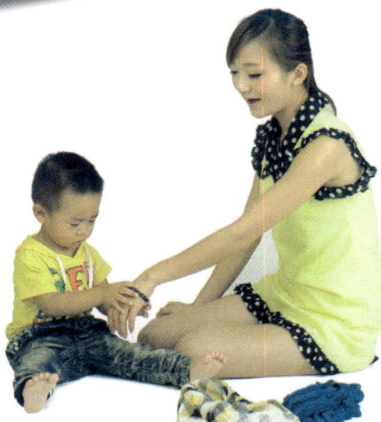

妈妈将这几样东西拿下来给宝宝，说："现在轮到宝宝来给妈妈打扮了。"看宝宝能否将它们正确地分辨出来，准确地将物品穿戴在妈妈身上。

3 自己动手做糖果

适宜年龄：1~2 岁。

游戏目的：培养宝宝的动手能力，培养宝宝对劳动的兴趣。

游戏场所：阳光暖和的安静阳台。

游戏道具：一些五颜六色的皱纹纸，一些小方块，一个透明的大瓶子。

游戏时间：每次 7 分钟，可重复 2~3 次。

温馨提示：

做糖果的小方块可以选择小块的积木、棋子等日常玩具。建议不要使用圆形光滑的珠子，以防宝宝误食。

还可以这样玩：

妈妈可以在游戏最后放入一颗真糖果，让宝宝找出来，并奖励给宝宝吃。

家长笔记

1 STEP

妈妈给宝宝示范如何做糖果：先将一个木块放到皱纹纸里裹住，然后用手指把两端捏紧，最后拧成一个糖果的样子。

2 STEP

妈妈把皱纹纸和小方块给宝宝，引导宝宝跟着妈妈学做糖果。

055

3 STEP

宝宝做好糖果后，让宝宝把糖果放到大瓶子里。几分钟后，瓶子里就会有很多漂亮的糖果，让宝宝感到有成就感。

游戏完成度
☆☆☆☆☆

宝宝活跃度
☆☆☆☆☆

家长满意度
☆☆☆☆☆

4 戴帽子，摘帽子

适宜年龄：1~2 岁。

游戏目的：让宝宝理解戴和摘的意义，锻炼宝宝对事情的专注力。

游戏场所：柔软安静的沙发上。

游戏道具：一顶帽子。

游戏时间：每次 6 分钟，可重复 2~3 次。

温馨提示：

当宝宝戴上帽子的时候，妈妈可以拿出一面镜子，让宝宝看看自己戴上帽子的样子。

还可以这样玩：

除了帽子之外，家长还可以选择如手套、墨镜等饰物来玩这个游戏。

家长笔记

妈妈拿出一顶帽子给宝宝看，让宝宝了解帽子的结构和用处。

妈妈把帽子戴在自己头上，同时说"戴帽子"。妈妈把帽子从自己头上摘下来，同时说"摘帽子"。

057

游戏完成度

宝宝活跃度

家长满意度

妈妈把帽子给宝宝，当妈妈说"戴帽子"时，妈妈引导宝宝把帽子戴在头上，当妈妈说"摘帽子"时，妈妈引导宝宝把帽子从头上摘下来。

5 丰收季节叠南瓜

适宜年龄：1~2岁。
游戏目的：培养宝宝的专注力和动手能力。
游戏场所：光线充足、柔和的安静室内。
游戏道具：三个南瓜玩具。
游戏时间：每次6分钟。

温馨提示：

平时可以给宝宝看些蔬菜，让宝宝知道饭桌上的美味原来的样子。

还可以这样玩：

给宝宝做一道南瓜做的菜，告诉宝宝这就是今天做游戏用到的南瓜。

家长笔记

妈妈将三个南瓜摆在地上，拿起其中一个南瓜对宝宝说："这个是南瓜，现在到丰收季节了，南瓜又大又漂亮。"

妈妈将三个南瓜叠在一起，告诉宝宝："我们要把南瓜叠放好，看起来整整齐齐的。"

059

游戏完成度

宝宝活跃度

家长满意度

妈妈让宝宝自己将三个南瓜叠在一起。宝宝完成后，妈妈称赞宝宝真棒。

宝宝带小猪回家

适宜年龄：1~2 岁。
游戏目的：让宝宝知道要听从指挥。
游戏场所：光线充足、氛围欢快的室外或室内。
游戏道具：一个小猪玩具，一个木箱，一根塑料棒。
游戏时间：每次 3 分钟，可重复 3~5 次。

温馨提示：

可以事先在箱子里放几个小猪玩具，妈妈告诉宝宝，箱子里的猪妈妈正在呼唤小猪回家。

还可以这样玩：

妈妈可以拿出一个狼玩具，在宝宝身后追赶小猪。

家长笔记

妈妈拿出一个小猪玩具，对宝宝说："宝宝，这是小猪，它迷路了，你能带它回家吗？"妈妈指着一个开口纸箱说："那就是小猪的家。"

妈妈拿出一根塑料棒，向宝宝示范，用塑料棒滚动小猪玩具。

061

妈妈把塑料棒给宝宝，让宝宝用棒子去拨动小猪玩具，直到小猪玩具滚到箱子里。

游戏完成度

宝宝活跃度

家长满意度

偷懒的杯子

适宜年龄：1~2 岁。
游戏目的：让宝宝理解"倒"和"正"的意思，锻炼宝宝的手指灵活度。
游戏场所：光线充足、柔和的安静室内。
游戏道具：几个纸杯。
游戏时间：每次 5 分钟。

温馨提示：

家长要有足够的耐心让宝宝正确理解"倒"和"正"的概念。

还可以这样玩：

也可以将大部分的杯子倒放着，让宝宝从中找出正放的杯子并将其倒放。

家长笔记

妈妈先将所有的纸杯正放在地上，然后倒放其中几个纸杯。

妈妈对宝宝说："天亮了，杯子们都起床了，但有几个偷懒的杯子还倒着睡觉。宝宝，我们来看看哪个杯子偷懒了，好吗？"妈妈拿起其中一个倒放的杯子，告诉宝宝"这个就是偷懒的杯子了"，然后将倒放的杯子放正。

游戏完成度

宝宝活跃度

家长满意度

让宝宝自己从中找出倒放的杯子，并将其放正。如果宝宝还不懂怎么做，妈妈可以协助宝宝完成。

063

8 动动身子真有趣

适宜年龄：1~2 岁。

游戏目的：训练宝宝身体和语言的协调性，培养宝宝听口令的习惯。

游戏场所：宽敞、明亮、整洁的室内。

游戏时间：每次 6 分钟。

温馨提示：

妈妈要时刻观察宝宝的表情，不宜让宝宝过度消耗体力，以免宝宝产生对游戏的厌烦感。

还可以这样玩：

大人的口令可以丰富些，比如跨步，蹲马步，单脚立定等。

家长笔记

妈妈喊口令："变高！"同宝宝一起踮起脚尖，伸直身体，举起双手。

妈妈喊口令："变矮！"妈妈和宝宝一起盘腿坐在地上。

065

游戏完成度

宝宝活跃度

家长满意度

妈妈喊口令："转圈圈！"宝宝和妈妈站直身体，原地旋转一圈。

9 一起拧毛巾

适宜年龄：1~2岁。
游戏目的：培养宝宝团结合作的意识。
游戏场所：阳光柔和的阳台上。
游戏道具：一条小毛巾。
游戏时间：每次3分钟。

温馨提示：

毛巾不要湿水太多，拧毛巾的时候，只要让宝宝抓住一端就可以了，妈妈抓住另一端用力拧干毛巾。

还可以这样玩：

妈妈晾衣服的时候可以让宝宝在旁边帮忙拧袜子里的水。

家长笔记

STEP 1

妈妈在宝宝面前拿出一条带水的小毛巾，对宝宝说："宝宝，妈妈现在一个人拧不干毛巾，宝宝能帮我吗？"

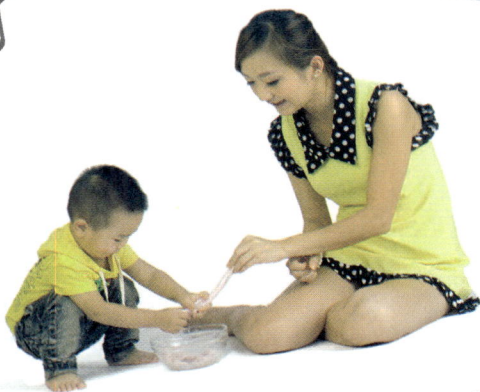

STEP 2

让宝宝握住毛巾的一头，妈妈握住另一端，把毛巾拧干。

STEP 3

拧干毛巾后，妈妈摊开毛巾，让宝宝欣赏自己和妈妈一起合作拧干的毛巾。

游戏完成度

宝宝活跃度

家长满意度

10 乖宝宝问声好

适宜年龄：1~2 岁。
游戏目的：教会宝宝与人交往的礼节。
游戏场所：光线充足、氛围欢快的室外或室内。
游戏道具：两个毛绒动物小玩具。
游戏时间：每次 4 分钟，可重复 2~3 次。

温馨提示：

如果宝宝自己玩得高兴，家长没有必要让宝宝按照安排好的剧情走。

还可以这样玩：

妈妈可以邀请一个小朋友和宝宝进行礼貌用语小表演。

家长笔记

妈妈和宝宝面对面，妈妈双手拿出两个毛绒动物小玩具，引起宝宝的注意。

妈妈舞动玩具，进行对话："乖娃娃见面问个好，点点头，弯弯腰，握握手。"

游戏完成度

宝宝活跃度

家长满意度

妈妈把其中一个毛绒动物玩具给宝宝，让宝宝双手拿住，妈妈和宝宝一起来玩情景游戏，进行互动式礼貌问候。

069

11 成长记录

如何提高宝宝的注意力

很多妈妈都有这样的困扰——我的宝宝总是不能集中注意力。集中注意力是良好的学习生活的要素，宝宝注意力的持续时间越长越能保证他的良好行为。

分析原因

宝宝的注意力不能集中，除了自身的问题，外界环境也是重要的影响因素。

1. 宝宝本身不善于集中注意力，需要后天培养和训练。

2. 宝宝睡眠不足或是因为疲劳、饥饿、干渴等不安情绪造成注意力不集中。

3. 外界环境嘈杂喧闹，空气混浊有异味，影响宝宝注意力。

4. 接受的内容与年龄不符合，太深奥难懂。或是接受的内容是宝宝不喜欢甚至讨厌的内容，因此宝宝无法集中注意力。

有利条件

创造有利条件，帮助宝宝更好地集中注意力。

1. 注重宝宝的健康状况，及时发现和调理宝宝的身体，保证宝宝身体健康。

2. 观察宝宝的日常行为，及时帮助他改正不良的行为习惯。

3. 保证宝宝充分的营养和充足的睡眠，让宝宝精力充沛。

4. 明确宝宝的兴趣爱好，根据他的喜好和年龄，运用不同的方式和手法来教育引导宝宝，注意动静结合、张弛有度。

具体做法

1.   放慢动作。

由于宝宝大脑发育还不健全，他们对一些动作和语言的反应并不能像成年人一样快速和全面，因此对宝宝讲话或是做某些动作时，要放慢速度，要温和耐心，以免引起宝宝的厌烦，造成宝宝反感而更加分散注意力。

2.   多次重复。

多次重复能够引起宝宝的注意和加深他的印象，因此可以通过多次反复的方式来让宝宝专注精神。例如重要的说话内容重复几遍，他喜欢的音乐多次播放，等等。

3.   拉近距离。

宝宝对事物的认知能力比较弱，若事物距离太远更加不能引起他的关注。因此，从视觉上说，拉近距离可以让宝宝的视野更多地被填充，干扰因素会被减小。说话时要靠近宝宝身旁，要把宝宝会注意到的事物放在离他 20～30 厘米的位置。

4.   运用适当的刺激物。

在培养宝宝的视觉、触觉和听觉时，可以选择一个较好的刺激物来引起他的注意。比如色彩鲜艳、形状较大、易于区分的刺激物，或者是小铃铛、小筛子等等比较特别的物体，这样可以使宝宝培养专注度。

动态物体更能使宝宝专注，飞行的蜻蜓会使宝宝集中注意力追随它，和蜻蜓保持互动性会使宝宝兴趣倍增，宝宝注意力也会更加集中。

4

Chapter

2~3岁

这个阶段的宝宝，自理能力和学习能力都增强了，但由于缺乏某些生活意识，会不自觉地去犯一些小毛病，家长一定要及时纠正宝宝在生活中表现出来的坏习惯，比如爱挖鼻孔，不爱卫生等。家长这个时候已经可以通过游戏教会宝宝一些生活自理能力，比如洗手、吃饭、收拾东西等，家长此时应多给机会让宝宝参与到家庭劳动中，让宝宝感到自己能给家里帮忙，养成自信和自觉做家务的习惯。

1 木头人不许动

适宜年龄：2~3 岁。
游戏目的：训练宝宝遵守规则，锻炼宝宝的意志力和自制力。
游戏场所：光线充足、柔和的安静室内。
游戏时间：每次 6 分钟，可重复 5~8 次。

温馨提示：
家长可以让宝宝摆出一个高难度动作，然后不许动，看宝宝能坚持多久。

还可以这样玩：
如果其他家庭成员或朋友在场，可以邀请他们一起参与进来，人越多，游戏越好玩。

家长笔记

妈妈和宝宝坐在一起，由妈妈一边拍手一边来喊口令："我们都是木头人，不许说话不许动，不许走路不许笑。"

口令完毕，两人保持静止状态，无论什么姿势都要保持不动。

如果有一人忍不住说话，或者笑，或者动了，这个人就要伸出手心，被获胜的一方打手心。

游戏完成度
☆☆☆☆☆

宝宝活跃度
☆☆☆☆☆

家长满意度
☆☆☆☆☆

2 干净吃苹果

适宜年龄：2~3 岁。
游戏目的：让宝宝学会吃水果前要先洗水果，养成良好的卫生习惯。
游戏场所：柔和、温暖、安静的房间里。
游戏道具：一个苹果，一个水盆。
游戏时间：每次 5 分钟。

076

温馨提示：

游戏过程中，妈妈也可以跟宝宝说，如果不洗干净水果，会闹肚子的道理。

还可以这样玩：

"干净吃苹果"可以变成宝宝吃饭前要洗手等日常环节。

家长笔记

妈妈面对宝宝，拿出一个苹果给宝宝，对宝宝说："今天，我们有个漂亮的红苹果可以吃。"

妈妈握住宝宝的手，教宝宝把苹果放到水盆里洗，并告诉宝宝："吃苹果前要先将苹果洗干净。"

洗完苹果后，妈妈再让宝宝吃苹果。

游戏完成度

☆☆☆☆☆

宝宝活跃度

☆☆☆☆☆

家长满意度

☆☆☆☆☆

3 一堂表演课

适宜年龄：2~3 岁。
游戏目的：培养宝宝对表演的兴趣，以及培养宝宝
　　　　　听从口令的习惯。
游戏场所：光线充足、柔和的安静室内。
游戏道具：一个塑料盆，一个呼啦圈。
游戏时间：每次 5 分钟。

温馨提示：

玩游戏时，可以鼓励宝宝自己
做些动作，模仿正在破壳而出
的小鸡。

还可以这样玩：

可以准备几个大箱子，然后妈
妈转过身，宝宝藏在箱子里面，
由妈妈来找出宝宝藏在哪个箱
子里。

家长笔记

游戏步骤

妈妈先给宝宝讲一个小鸡如何从蛋里破壳而出的小故事，然后妈妈让宝宝扮演小鸡在蛋里的状态。

妈妈叫："小鸡，小鸡，快出来，妈妈等不及，好想见你了。"然后让宝宝从呼啦圈里站起来，并高高举起塑料盆，表演小鸡破壳。

让宝宝放下塑料盆，走出呼啦圈，表演小鸡破壳而出。妈妈在旁拍手说："小鸡走出蛋壳了。"

游戏完成度

宝宝活跃度

家长满意度

4 分类小当家

适宜年龄：2~3 岁。
游戏目的：让宝宝学习按物品的功用分类，养成爱分类
　　　　　的好习惯。
游戏场所：光线充足，让宝宝感到舒服的客厅里。
游戏道具：一些毛绒玩具，一些水果，一些课本，一个柜子。
游戏时间：每次 6 分钟，可重复 3~5 次。

温馨提示：

如果宝宝分类错误，家长不要责
罚宝宝。可以多让宝宝做几次分
类游戏，增强宝宝的记忆能力。

还可以这样玩：

妈妈可以教宝宝进行垃圾分
类，告诉宝宝哪些垃圾是可以
回收再生的，哪些是没有利用
价值的。

家长笔记

游戏步骤

妈妈拿出一些毛绒玩具、课本和水果，让宝宝仔细观察。

妈妈分别拿出其中一个毛绒玩具、一个水果和一本课本，问宝宝："这是什么东西？它是干什么用的？"如果宝宝还不能答出物品的功用，妈妈可以将答案告诉宝宝。

游戏完成度

宝宝活跃度

家长满意度

让宝宝自己把这些物品按类别放到前面的柜子里，最后再由妈妈来检查有无放错。

5 小积木大清理

适宜年龄：2~3 岁。

游戏目的：提高宝宝解决问题的能力，让宝宝养成爱收纳、爱劳动的好习惯。

游戏场所：光线充足、氛围欢快的室外或室内。

游戏道具：一个篮子，一些积木。

游戏时间：每次 7 分钟，可重复 2~3 次。

温馨提示：

多鼓励宝宝玩这个游戏，可以提高宝宝的注意力。家长要注意避免宝宝被积木绊倒的情况发生。

还可以这样玩：

可以给宝宝一个小篮子，让宝宝看到积木的时候就将其放入篮子里。

家长笔记

在一个比较空旷的房间里摆放积木，每个积木之间都相隔一定的距离，在房间的一头放好篮子，让宝宝将积木捡起来放到篮子里去。

当宝宝完成一半捡拾工作时，妈妈可以告诉宝宝，提着篮子去捡积木会更省力。

083

当宝宝把所有的积木都装进篮子里时，妈妈要伸出大拇指夸奖宝宝，并让宝宝思考两种工作方式的不同之处。

游戏完成度

宝宝活跃度

家长满意度

6 快乐递送

适宜年龄：2~3 岁。
游戏目的：提高宝宝的听觉和反应能力。
游戏场所：阳光柔和、安静的客厅。
游戏道具：一个苹果，一个毛绒玩具，一个乒乓球。
游戏时间：每次 5 分钟，可以重复 3~4 次。

温馨提示：

挑选的物品尽量不要选择有棱角的，以免宝宝在递送的时候伤到小手。

还可以这样玩：

可以由宝宝指出需要的东西，妈妈再拿给宝宝，妈妈可以故意拿错东西给宝宝，看看宝宝能否发现。

家长笔记

1 STEP

妈妈和宝宝面对面而坐，妈妈把苹果、毛绒玩具和乒乓球放在宝宝身前。

2 STEP

妈妈对宝宝说："乒乓球。"让宝宝快速把乒乓球递给妈妈，直到宝宝前面的三样物品都递送给了妈妈。

085

3 STEP

游戏完成度

☆☆☆☆☆

宝宝活跃度

☆☆☆☆☆

家长满意度

☆☆☆☆☆

如果宝宝正确地将所有物品递送给妈妈，妈妈可以拿一个苹果给宝宝吃，以示奖励。

7 宝宝切蛋糕

适宜年龄：2~3岁。

游戏目的：让宝宝明白整体与局部的关系，培养宝宝做一些力所能及的劳动。

游戏场所：宽敞、明亮、整洁的室内。

游戏道具：一块蛋糕，一把塑料餐刀。

游戏时间：每次3分钟。

温馨提示：

这个游戏一定要用塑料刀，避免锋利的刀伤到宝宝。刚开始游戏时，妈妈一定要协助宝宝完成，宝宝熟悉游戏后，可以让宝宝独自完成。

还可以这样玩：

让宝宝将切好的蛋糕拿给家里人吃。

家长笔记

妈妈拿出蛋糕放在桌上，抱着宝宝，将塑料刀给宝宝拿着，妈妈可以握着宝宝的手教他将利口向下。

妈妈说："现在我们先来将蛋糕分成两份一样多的。"引导宝宝从蛋糕的中间线切下。

087

妈妈说："我们再来把蛋糕切成四份一样多的。"引导宝宝将蛋糕分成等量的四份。宝宝熟悉游戏后可让宝宝自己操作，让宝宝逐渐学会等分食物。

游戏完成度

宝宝活跃度

家长满意度

8 认真听出跳跑蹲

适宜年龄：2~3 岁。
游戏目的：培养宝宝的快速反应能力和听从口令的习惯。
游戏场所：宽敞、明亮、整洁的室内。
游戏时间：每次 6 分钟，可重复 3~5 次。

温馨提示：

家长在说词语的时候不要节奏太快，以免宝宝跟不上，游戏就不能继续。

还可以这样玩：

妈妈可以说一句话，话里面夹有"跳""跑""蹲"等词，让宝宝在听妈妈说话的时候，在听见这些词的时候能迅速反应。

家长笔记

_____

_____

_____

妈妈先告诉宝宝游戏规则，在听到"跳"、"跑"、"蹲"这几个字的时候做出相应的动作。妈妈说一些以声母 t 开头的字："听，提起，挑剔，提神，踢球，跳。"当说到"跳"时，宝宝在原地跳一下。

妈妈说一些以声母 p 开头的字："朋友，盆子，平安，瓶子，跑。"当说到"跑"时，宝宝做出跑的动作。

089

游戏完成度

宝宝活跃度

家长满意度

妈妈说一些以声母 d 开头的字："当当，担心，胆小，胆子，蹲。"当说到"蹲"时，宝宝在原地蹲下。

扣子游戏

适宜年龄：2~3 岁。
游戏目的：让宝宝早日学会自己穿衣，提高宝宝的自理能力。
游戏场所：光线充足、柔和的安静室内。
游戏道具：两件带扣子的衣服。
游戏时间：每次 6 分钟，可重复 2~3 次。

温馨提示：

两岁半的宝宝容易学会解扣、系扣，尤其是学会解系胸前的扣子。在比赛中，妈妈可以故意出错，让宝宝能赢，增强自信心。

还可以这样玩：

可以邀请一个跟宝宝年纪相仿的小朋友，两个同龄孩子玩会更有趣。

家长笔记

_____

_____

_____

_____

STEP 1

给宝宝准备一件带扣子的衣服，让宝宝将扣子一个个都扣上。

STEP 2

当宝宝扣上衣服所有的扣子后，妈妈再让宝宝把扣子一个个解开。

091

STEP 3

当宝宝熟悉系扣子和解扣子的动作后，妈妈拿一件衣服和宝宝两人比赛，看谁能最先将扣子系好然后再解开。

游戏完成度
☆☆☆★☆

宝宝活跃度
☆★☆☆☆

家长满意度
☆★☆☆☆

10 左手右手听口令

适宜年龄：2~3 岁。
游戏目的：锻炼宝宝的快速反应能力和服从口令的习惯。
游戏场所：光线充足、柔和的安静室内。
游戏时间：每次 7 分钟，可重复 3~4 次。

温馨提示：

妈妈喊的口令要有一定节奏，可以越来越快，也可以越来越慢，增加游戏的趣味性。

还可以这样玩：

妈妈可以在宝宝的两个手腕上系上两个发声不同的小玩具，让宝宝分辨出举起不同的手发出的声音，增加游戏的趣味性。

家长笔记

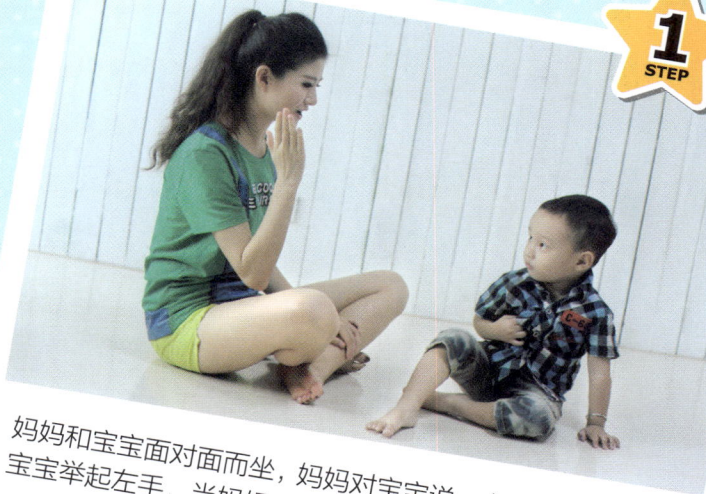

游戏步骤

妈妈和宝宝面对面而坐，妈妈对宝宝说："当妈妈喊左手时，宝宝举起左手，当妈妈喊右手时，宝宝举起右手。"

妈妈开始喊口令："准备开始，左手、右手、左手、左手、右手……"让宝宝根据妈妈的口令举起左右手。

游戏完成度

宝宝活跃度

家长满意度

游戏结束后，妈妈亲亲宝宝的小手，告诉宝宝刚才做得很棒。

成长记录

妈妈和宝宝的童话趣事

每个宝宝的成长都伴随着睡前妈妈讲的童话故事，而每个童话故事在有宝宝的参与时都变得多姿多彩。

妈妈讲故事，宝宝听故事

故事的开头要新颖并且语气特殊，以引起宝宝的兴趣。

讲故事的过程要吐字清晰，模仿逼真，并帮助宝宝理解故事内容和人物性格。

故事结尾可以先让宝宝猜测结局，要对故事做个概括并告诉宝宝故事想要告诉小朋友的是什么。

妈妈再讲故事，宝宝再听故事

相隔一段时间后再讲同一个故事时，可以运用不同的方式来讲解，或从不同的角度来讲故事。

讲故事的过程中多向宝宝提问，观察他对这个故事的记忆力和喜好程度。

故事的结尾由宝宝来讲述，并且让宝宝讲出这个故事他最喜欢的是什么情节或人物，观察宝宝的思考情况。

宝宝讲故事，妈妈听故事

当宝宝对故事有了一定的记忆以后，让宝宝独自来讲述故事。

宝宝讲故事的过程尽量让他自己完成，但也可以稍加帮助。若宝宝讲的故事和以前妈妈讲的不一样，不要去更正和打断故事情节，让宝宝按自己的思路讲。

故事结束时妈妈要表示对宝宝的称赞，并记录下宝宝的表现，记录他的闪光点和不足。

宝宝妈妈演故事

当宝宝和妈妈都熟悉了故事情节后，可以邀请家人一同来表演故事。

表演的过程中让宝宝自由发挥想象力，家人要积极配合宝宝和帮助他。

可以利用摄影设备记录下宝宝的表现，和宝宝一同分享，称赞宝宝并运用故事情节引导宝宝学习好的品质。

5

Chapter

3 岁以上

　　3 岁以后的宝宝已经开始掌握一定的说话能力，口齿表达也越来越清晰，句子也越来越通顺。这时，家长要在游戏中多引入一些概念性的词汇，比如方位词和形容词等，增加宝宝的词汇量，为宝宝听懂大人的话和与大人进行交流打下基础。对于宝宝可以做什么，不可以做什么，家长也要明确地向宝宝指出。这个时期孩子的玩性也在增加，父母要注意培养宝宝的专注力和反应能力，可以通过一些听口令做动作的游戏，加强宝宝的这些能力。

1 穿衣服比赛

适宜年龄：3~4 岁。
游戏目的：训练宝宝正确地穿、脱衣服，培养宝宝的自理能力。
游戏场所：光线充足、柔和的安静室内。
游戏道具：两件衣服，六个球，两个篮子。
游戏时间：每次 5 分钟。

温馨提示：

如果宝宝不会穿衣服，妈妈要帮助宝宝，让宝宝多次练习熟悉掌握动作。

还可以这样玩：

可以在游戏中加入鞋子、袜子等道具一同完成。

家长笔记

游戏步骤

1 STEP

做好准备，妈妈和宝宝站在起点，一起穿好外套。

2 STEP

妈妈和宝宝各自拾起起点处的小球并放到终点处的篮子里，要求每人运送三个小球到篮子里，每次只可运送一个小球。

3 STEP

把拾取球的任务完成后，先返回起点并将外套脱下者为胜利。

游戏完成度

宝宝活跃度

家长满意度

2 儿歌里的小动物

适宜年龄：3~4 岁。
游戏目的：提高宝宝的概括能力以及语言表达能力，增强宝宝的自信心。
游戏场所：光线充足，让宝宝感到舒服的客厅里。
游戏道具：小猫、小狗、小青蛙、燕子、兔子的图片。
游戏时间：每次 5 分钟，可重复 3~5 次。

温馨提示：

家长可以在任何时候引导宝宝自己改编儿歌，即使宝宝编得不好，也不要打断或指责宝宝。

还可以这样玩：

妈妈可以给宝宝讲一个童话故事，讲完后，让宝宝找出里面出现过的动物。

家长笔记

游戏步骤

妈妈将五张动物图片放到宝宝面前，并告诉宝宝每张图片上都是什么动物。

2 STEP

妈妈唱儿歌："今天天气好晴朗，心情真愉快，燕子在蓝天上飞，青蛙在池塘里呱呱叫。真呀真欢快。"让宝宝找出儿歌里提到的动物图片。如果宝宝没找全，妈妈可以反复唱两遍。

3 STEP

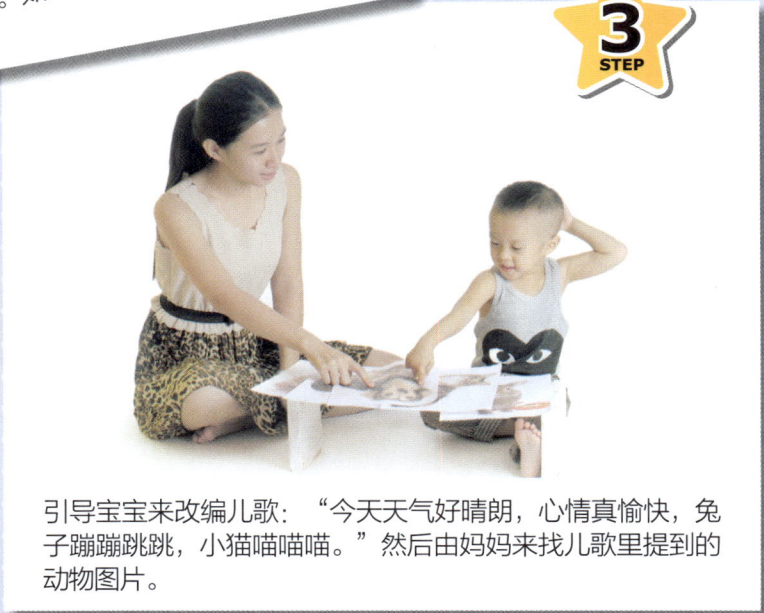

引导宝宝来改编儿歌："今天天气好晴朗，心情真愉快，兔子蹦蹦跳跳，小猫喵喵喵。"然后由妈妈来找儿歌里提到的动物图片。

游戏完成度
☆☆☆☆☆

宝宝活跃度
☆☆☆☆☆

家长满意度
☆☆☆☆☆

3 解救小动物

适宜年龄：4~5 岁。
游戏目的：教会宝宝学会关爱生命，培养宝宝的社会责任感。
游戏场所：阳光柔和、安静的阳台或户外。
游戏道具：一些小动物玩具，一个笼子。
游戏时间：每次 6 分钟。

温馨提示：

可以给宝宝放一些相关主题的动画片。

还可以这样玩：

妈妈可以引导宝宝想象小动物从笼子里面逃出来会怎样，让宝宝一边把小动物拿出来，一边模拟小动物的叫声。

家长笔记

_____
_____
_____
_____

妈妈和宝宝坐在一起，然后妈妈给宝宝讲一个关于小动物被抓进笼子里的故事，然后妈妈拿出里面关有小动物的笼子给宝宝看。

妈妈问宝宝："里面的小动物可不可怜啊？"得到宝宝有同情心的回答后，让宝宝伸手去打开笼子的门。

103

游戏完成度

宝宝活跃度

家长满意度

最后，由宝宝把困在笼子里面的小动物玩具都拿出来，妈妈在旁边拍手称赞宝宝真棒。

4 夹菜大考验

适宜年龄：3~4 岁。
游戏目的：提高宝宝手指的灵活性，培养宝宝专心做事的能力。
游戏场所：柔和、温暖、安静的房间里。
游戏道具：一个碗，一双筷子，一些颜色不同的小积木。
游戏时间：每次 6 分钟，可重复 3~4 次。

温馨提示：

选用的积木最好是塑料材质，木质积木可能会让宝宝在夹起的时候感到太重，失去耐心。

还可以这样玩：

妈妈可以把一些玻璃球混入积木里，让宝宝将其夹出来。

家长笔记

妈妈事先将积木倒入碗中，然后拿到宝宝面前，示范如何用筷子把积木夹起来。

妈妈把筷子给宝宝，让宝宝学妈妈用筷子从碗里夹起积木。

妈妈和宝宝一起用手把夹出来的积木都放回到碗里。

游戏完成度
★★★☆☆

宝宝活跃度
★★★★☆

家长满意度
★★★★☆

5 危险东西不要碰

适宜年龄：3~4 岁。

游戏目的：教会宝宝认识危险物品，让宝宝有安全意识并学会自我保护。

游戏场所：阳光柔和的安静、宽敞的客厅里。

游戏道具：一些安全物品的图片和危险物品的图片。

游戏时间：每次 7 分钟，可重复 2~3 次。

温馨提示：

在日常生活里，妈妈要让宝宝明确地认识常见的危险物品，例如小刀、打火机等。

还可以这样玩：

可以利用玩具、小道具来模拟一些危险的场景与动作，以生动的形式提醒宝宝。

家长笔记

妈妈和宝宝坐在一起，前面摆放着妈妈准备好的图片。

妈妈拿出其中一张危险物品的图片，告诉宝宝为什么图中物品是危险的。

游戏完成度

宝宝活跃度

家长满意度

妈妈让宝宝从图片里选出哪些是危险物品的图片，最后由妈妈检查，看看宝宝有没有错选漏选。

衣服小达人

适宜年龄：4~5 岁。
游戏目的：让宝宝学会叠衣服，并养成自己叠衣服的好习惯。
游戏场所：光线充足、柔和的宝宝房间里。
游戏道具：一些宝宝的上衣和裤子，两个篮子。
游戏时间：每次 8 分钟，可重复 3~4 次。

温馨提示：

妈妈教宝宝叠衣服的时候要分步骤讲清楚，确保宝宝真的学会叠衣服。

还可以这样玩：

妈妈和宝宝拿同样数量的衣服，看谁叠得又快又好。

家长笔记

妈妈先将宝宝的上衣和裤子混着放在宝宝面前，然后教宝宝如何叠衣服。

妈妈告诉宝宝哪些是上衣哪些是裤子，然后妈妈和宝宝将叠好的上衣和裤子分好类。

游戏完成度

☆☆☆☆☆

宝宝活跃度

☆☆☆☆☆

家长满意度

☆☆☆☆☆

妈妈喊口令，在 3 分钟以内，看看宝宝把多少上衣和裤子叠好并放到相应的篮子里。

7 快乐摆放童书

适宜年龄：4~5 岁。
游戏目的：让宝宝养成整理东西的好习惯。
游戏场所：宽敞、明亮、整洁的室内。
游戏道具：一个小书架，一些童话书。
游戏时间：每次 6 分钟，可重复 4~5 次。

温馨提示：

如果宝宝不理解整理图书的好处，可以让宝宝试着从地上放满书的地方走过去，让他感受到图书乱放的不方便。

还可以这样玩：

可以让宝宝整理自己的衣橱，把自己的衣服整理好。

家长笔记

妈妈先将书架上的童话书放到地上，然后对宝宝说："小书本都放在地上，我们走路多不方便。"

妈妈将一两本书放在书架上，告诉宝宝："现在把书放在书架上比放在地上要好。"

游戏完成度

宝宝活跃度

家长满意度

妈妈在一旁鼓励宝宝将地上的书整齐地放在书架上。

111

8 勺子和筷子

适宜年龄：4~5 岁。
游戏目的：提高宝宝的注意力和反应能力，增强亲子感情。
游戏场所：光线充足、柔和的安静室内。
游戏道具：一个勺子，一双筷子。
游戏时间：每次 2 分钟，可重复 4~5 次。

温馨提示：

儿歌中可以同时出现"喝汤"和
"吃菜"，也可以只出现其中一
个词，或者都没有，增强游戏的
趣味性。

还可以这样玩：

可以邀请其他小朋友跟宝宝玩。宝
宝和其他小朋友各拿一个餐具，当
妈妈说完口令后，拿有相应餐具的
小朋友再举起餐具。

家长笔记

STEP 1

妈妈拿出勺子和筷子，然后告诉宝宝："勺子是用来喝汤的，筷子是用来夹菜的。当妈妈说喝汤时要举起勺子，当妈妈说吃菜时要举起筷子。"

STEP 2

妈妈把勺子和筷子给宝宝拿住，并让宝宝把手放于背后。

113

STEP 3

妈妈唱儿歌："今天爸爸妈妈和宝宝真开心，一家三口出门玩，回来渴了要喝汤，回来饿了要吃菜。"当宝宝听到喝汤时从后背举起勺子，听到吃菜时举起筷子。

游戏完成度

宝宝活跃度

家长满意度

9 反话国的人

适宜年龄：5~6 岁。
游戏目的：锻炼宝宝的反向思维能力和判断力，培养宝宝听从指令的良好习惯。
游戏场所：安静、宽敞的客厅或室外。
游戏时间：每次 5 分钟，可重复 2~3 次。

温馨提示：

刚开始，宝宝可能会做错比较多的动作，这时妈妈要多鼓励宝宝。

还可以这样玩：

家里其他成员可以一起参加。大家先围成一个圈，然后第一个人说一个动作给第二个人，第二个人做相反动作，然后第二个人再说一个动作给下一个人，下一个人做相反动作……直到有人出错。

家长笔记

1 STEP

妈妈和宝宝坐在一起，妈妈先告诉宝宝游戏规则："我们都是生活在反话国里的人，听到口令后就要做出相反的动作。"

115

2 STEP

妈妈喊口令："宝宝蹲下去。"宝宝听到口令后站起来

3 STEP

妈妈喊口令："宝宝举起右手。"宝宝听到口令后举起左手。

游戏完成度
⭐⭐⭐⭐☆

宝宝活跃度
☆⭐⭐⭐☆

家长满意度
☆⭐⭐⭐☆

10 小手变变变

适宜年龄：5~6岁。
游戏目的：锻炼宝宝手指的灵活性，训练宝宝的思维反应能力。
游戏场所：光线充足、柔和的安静室内。
游戏时间：每次4分钟，可重复5~6次。

温馨提示：

游戏故意设置了一个漏洞，如果宝宝发现了，每次都出10个手指，说明宝宝非常聪明，值得表扬。

还可以这样玩：

如果宝宝每次都出10个手指，妈妈则可以把游戏改成这样：宝宝出的手指数必须比妈妈喊的数字多2。以此增强宝宝的心算能力。

家长笔记

_____
_____
_____
_____

游戏开始前，妈妈和宝宝先把手藏在身体后面。

妈妈对宝宝说："宝宝等下伸出的手指数一定要比妈妈大哦。"妈妈开始喊口令："小手小手藏起来，小手小手变变变。妈妈的是7，宝宝变变变。"当喊完口令，两人同时伸出双手。

如果宝宝伸出的手指数大于7或者妈妈伸出的手指数不是7，都表示宝宝赢了，妈妈要亲亲宝宝，称赞宝宝真聪明。

游戏完成度

宝宝活跃度

家长满意度

117

成长记录

宝宝礼节大检查

　　无论面对何种情况，掌握良好礼节的孩子都能表现得很自然，礼节培养也是许多家庭中父母对孩子的教育重点之一。现在就通过下面的表格来检查一下你家宝宝的礼节指数有多少。

恭敬地回答长辈的提问	偶尔给家人带来惊喜
互相夸奖，互相祝贺	培养整理东西的习惯
回答问题后再次提问	必须遵守饮食礼节
教孩子说"谢谢"	碰撞到别人时应该说声"对不起"
对话时必须看着对方的眼睛	在公共场所应该保持肃静
尊重他人的意见	高兴地迎接客人
不要做出无视别人的行为	乘坐公共汽车时应该端正坐姿
不能对得到的礼物表示不满	不能随意要求获得报酬
打喷嚏或咳嗽时应该遮住口鼻	不随便插队

宝宝礼节指数★★★★　完成 15~18 个礼节　　宝宝礼节指数★★★　完成 10~14 个礼节

宝宝礼节指数★★　完成 7~9 个礼节　　宝宝礼节指数★★　完成 4~6 个礼节

宝宝礼节指数★　完成 0~3 个礼节